해양기상학

해양기상학

김광수 시집

그림과책

| 시인의 말 |

아내가 들리지 않는 혼잣말합니다
내가 물어보니 뱃살이 안 빠진다고 합니다
너무 애쓰지 말라고 달래줍니다
나는 나대로 혼잣말합니다
사는 게 뭐야 하고 혼잣말합니다
시집 하나 내야 하는데 하고 혼잣말합니다
이런, 저런 그리고 그런 혼잣말들 모아서 시집 냅니다
시집 속에서 익어간 내 혼잣말, "시"들입니다
내 시를 읽는 분들께 "뭐지?" 하는 느낌 하나 일깨우면 좋겠습니다
삶이라는 길 가시다가 느낌표 하나 남기신다면 좋겠습니다.

2025년 여름날

김 광 수

차 례

5　시인의 말

1부　해양기상학

10　뱃머리 물결
12　북방 항로
14　적도제
16　발파라이소 바다
18　해양기상학
20　남양에 가면
22　방어
24　러시안룰렛
26　바다 기억
28　동대구역 새벽
30　남방 항로
32　벤쿠버 하버
34　바다에 내리는 비
35　선창 산책
36　세월
37　먼바다 먼 당신
38　저 건너 긴 밤이
40　이국 항구의 밤
42　포항 선창
44　파나마운하
46　푼타아레나스 서사

2부 유전자

52   벚꽃 길에서
54   유전자
56   겨울 소식
58   만유인력
60   금잔화
62   보라매공원 유월
64   석수역
65   꿈
66   사월 라일락
67   선택
68   나비 진혼무
70   산수유
71   늦가을 텃밭
72   인연
73   거긴 거기지
74   한계령 단풍
76   두텁바위 쪽으로
78   거리
80   건널목
82   방숙 친구

83　0 그리고 1
86　오월 어느 날
88　안테나
90　울산바위 패러글라이딩
92　한열이네 집
94　햇빛
96　플랫폼
98　프로페셔널
99　함바집
100　문래동 새벽시장
102　메뉴 슬픔
104　숲에서
106　오리 물에서
108　절망
110　유산
111　일방통행

112　추천사
114　해설

1부 해양기상학

뱃머리 물결

그립고도 아쉬운 소식들이
뱃머리에 깨지는 물결처럼 일렁거리며 왔소
내 몸속 내장 같은 슬픔 하나 더 얹어서는
뱃전에 감기는 시간의 회오리 속으로
울렁거리며 밀려 나갔소

넓은 바다 그 어디에도 소식은 있었소
아련함이 묻어 있는 사랑은 있었소

당신은 고요한 아기집
그 언저리를 겉도는 나의 흔들림 앞으로
혹은 조용히 기다리는 당신 앞으로
달력에 점점이 찍히는 당신 소식들이
일렁거리며 왔소
울렁거리며 또 갔소

당신과 나의 잠은
자고 깨면 어느새 가을이고 어느새 봄이었소
계절 사이 사이에 잠깐씩 머물러본 시간들이
뱃전에 앉은 소금 켜처럼 쌓여 왔소

이제 뱃머리 물결은 당신과 나의 일상이 되었소
당신이 나를 위해 넓은 바다에 보낸 일렁임이
내 마음속 뱃전에 부딪혀
당신 향해 울렁임으로 되돌아가오.

북방 항로

배는 북미 서해안 항구를 떠나
알류산 열도를 옆으로 두고 베링해로 올라가지요
파도는 산 같고 바람은 뱃전을 마구 할퀴고 돌아나가지요
배는 해도에 그어진 항로를 따라 항진합니다
항로에 점점이 찍히는 항적은
당신을 향한 궤적입니다
험한 바다에 마구 요동치는 배의 몸부림은
당신을 향한 나의 몸부림입니다
익숙한 바다에 육중한 몸을 맡기고
배는 묵직하게 너울에 동조합니다
그렇게 가다 보면 배는 베링해에 들어섭니다

크라켄 바다 문어 괴물이 살 만한 바다입니다
한밤중에 해가 떠 있기도 하는 바다입니다
새벽에 가끔 오로라가 휘장을 드리우는 바다입니다
이 바다에 서면 당신이 생각납니다
한밤에 뜨는 해처럼 나에게 나타났던 당신입니다
오로라 휘장 안에 언뜻언뜻 보이는 당신입니다

바람 소리 파도 소리는 세차게 귓전에 감아듭니다

별들은 배 요동 따라 위아래로 흔들립니다
가만 듣다 보면 별들이 속삭이는 소리도 들려옵니다

배의 익숙한 흔들림에 몸속 내장까지 동조하며
환영처럼 나타난 당신 모습도 흔들림에 동조합니다

베링해에서 당신을 만나고 쿠릴열도를 향하여
배는 남서로 항진을 시작합니다
쿠릴열도를 빗겨 항진합니다
이때쯤 당신은 좀 더 선명한 그림으로 내게 다가옵니다
그렇지만 나는 아직 항해 중이고
산 같은 파도 세찬 바람은 여전합니다
쓰가루 해협에 들어서서 숨을 돌리고 동해로 나옵니다
동해 거친 바다를 지나며
배는 마지막 흔들림으로
귀항 항해가 끝나감을 알려줍니다

흔들리지 않으면 뱃길이 아닙니다
흔들리지 않으면 숙명이 아닙니다
당신께 가는 길은 흔들리며 가는 길입니다.

적도제 赤道祭

순한 뱃사람들 바다를 달려 넘어
낮 밤을 달아나는 세월을 쫓는 동안
바람 소리 물소리 뱃전과 마음속에 휘파람 일으키고
가녀린 아침들은 불볕 오후에 숱하게 쫓겨갔다
저녁노을들 또한 검은 바다 뒤로 많이도 숨어갔다

제사상이 고향에 두고 온 향수를 일깨우면
작은 웃음들은 덩어리지고
입속의 언어들은 날개를 펴고
별을 보고 부른 합창 바다를 깨우며
파도에 묻은 한 달 세월
뱃사람들 하룻밤 적도제에 풀어낸다

달 보고 살아난 작은 아픔들
검은 바다 위 물거품이 되었다가 꺼지고
섬 안에서 아이들이 바다를 마시는 모습
마음 깊이 담겨 떠날 줄을 모르고
바다색으로 물든 얼굴 파도 위에 올라온다

바다에 나는 생채기 얼굴에 수북이 가라앉고
햇볕에 타는 기억들 마음 깊이 가라앉고

떠나온 수많은 이별들을 세면서
뱃사람들 소주에 세월 풀어 마시고 있다.

발파라이소 바다

발파라이소 플라야안챠 언덕에 서면
태평양이 하늘 가득 넘실거린다
바다가 멀리서부터 굼실거리며 일렁이며
너울을 만들고 파도가 되어 몰려온다
크나큰 파도가 절벽 밑 바위를 치고
하얀 포말이 되어 허공으로 솟는다

포말은 순간 갈매기가 된다

티끌 같은 삶이 저 너울 속에서 잉태되고
포말이 되고 다시 새가 되어
대륙의 서안을 따라 날고
저 너울 옆에서 고래는 태어나서
해안 따라 기나긴 여행을 한다
포말 속 물방울 한 점에서 내 삶도 비롯되고
나 또한 새가 되고 고래가 되어
해안을 따라 기나긴 여행을 한다

발파라이소 바다에 가면
바다가 비밀의 문을 연다
생명 탄생 그 내밀한 비밀을 엿볼 수 있다

파도 자락에서 삶은 시작되고
새가 되고 고래가 되어
길고도 먼 여행을 한다
내가 이어가는 여행도
새처럼 고래처럼 길고도 멀다.

해양기상학

바람은 쉬지 않고 분다오
불지 않는 바람은 바람이 아니라오
바다는 쉬지 않고 흐른다오
흐르지 않는 바다는 바다가 아니라오
태평양 바다는 항상 흐른다오
펌프처럼 순환하며 흐른다오
팽이처럼 도는 지구 자전 따라 흘러간다오

인생은 쉬지 않고 흐른다오
흐르지 않는 인생은 인생이 아니라오
바람과 바다가 서쪽에서 동쪽으로 불고 흐르듯
인생 또한 저쪽에서 와서
이쪽에서 흐드러지게 피었다가
허무함이 열리는 그쪽으로 흘러간다오

바람이 불면서 뭐라 안 하고
바다가 흐르면서 뭐라 안 한다오
아무 말 없이 그냥 불고 흐른다오
불고 흘러서 온갖 생명 살찌우고 사라진다오

내 인생 바람처럼 바다처럼

해양기상학 따라 불고 흐르면서
다른 인생 살찌우고 사라질 수 있다면
정말 좋겠소.

남양에 가면

남태평양 바다를 가다가
바람이 숨죽인 바다 만나면
나를 불러 주시오
여태까지 볼 수 없었던
낯선 바다에 서게 되면
나를 불러 주시오

한밤중 달빛은 구름 사이로 쏟아지고
바람은 꼼짝 안 하고
더불어 티끌 같은 움직임도 없는
태초에 그 바다가 당신을 맞으리니

그 바다가 들려주는 속삭임은 당신을 퇴행시켜
감히 태아로 돌아가고 싶게 할 거요
깊은 바닷속 비밀을 훔칠 수 있다고 유혹할 거요
당신이 지금까지 헤맨 이유를 들려준다고
깊은 울림으로 유혹할 거요
울림에 유혹되어 몸 던지고 싶어지는
그럴 때 나를 불러주시오

당신이 가진 삶이 숨죽이며 가만히 있을 때

시간까지도 갈 길 잊어버려 가만히 있을 때
신비스러운 바다가 당신에게 모든 것을 비우라 할 때
그렇지만 모든 것에서 차마 나까지는 못 비울 때
그럴 때 나를 불러 주시오.

방어

그대 꿈꾸고 있는가?
난 바다의 꿈을 잊으려 한다
돌아갈 수 없는 바다
그곳의 꿈을 접으려 한다

바다는 세찬 바람이 시샘하여
얼굴을 할퀴면
상처 입은 하얀 피부를 벗겨 내며
깊고 푸른 속살을 보여주어
심술궂은 바람을 달래 준다
바람이 달래지면
쏟아지는 달빛을
반짝이는 물결로 깊이 받아들이며
풍요로운 젖가슴으로
품 안에 모든 생명에
삶을 안겨준다

난 그 바다를 잃으며
자궁에서부터 길이 들여진
내 온갖 몸짓도 잃어버렸다
내 몸짓은 찬란했다

고독하지만 현란한 나 혼자만의 춤
내달리고 멈추며 돌고 비틀어
아름다운 굴곡을 만들어 내고
하늘로 솟구쳐 태양에 입맞춤하고
또한 바다 밑바닥까지 내리꽂았다
삶의 춤을 모두에게 자랑했다

하지만 지금은 조그만 수조에 누웠다
몸뚱이가 자꾸 뒤집힌다
그들은 내 옷을 벗기고
날 칼로 내 붉은 속살을
헤집고 까뒤집으며 날 희롱하겠지
난 이제 내 꿈을 접으며
내 날씬한 육신도 버려야 한다

그대 바다의 꿈을 꾸는가!
난 바다의 꿈을 잊으려 한다.

러시안룰렛

엘에이 롱비치 어느 펍
주인이 러시안룰렛을 하자는 거야
여섯 탄창에 총알 하나 끼어 있어
총알 이름은 허무라는군
하고 많은 총알 중에 허무라니
허무는 아니라고 사랑이라고 했지
내 총알은 사랑이라고 했지
사랑도 끝은 허무라고 하더군
입꼬리를 올리며 우리들의 끝은 허무라더군
다 아는 것 아니냐고 화를 내더군
허무라는 총알 맞고 떠나는 것이라고 박박 우기더군

뫼르소*가 일찍이 햇빛에 뇌가 돌아
나그네를 쏴 죽였는데 이 주인도
인생 허무감에 뇌가 돌은 모양이었어

삶은 헛되다 솔로몬이 간파했었지
그렇다고 살지도 않을까
헛되지만 사랑 하나 붙잡고 사는 거지
우리 같은 눅진 사랑 그거 때문에 사는 거지
한때 피었던 우리 사랑 소박하게 진다 해도

서로 사랑했으니 된 거지
허무로 떨어져도 사랑 흔적 남았으니 된 거지

묘하게 승부욕이 오르는 거야
사랑과 허무 허무와 사랑
룰렛을 시작했어
블랙 러시안 한잔했어
칼루아 보드카 입안에 달달하더군.

* 알베르 카뮈 소설 "이방인" 주인공

바다 기억

당신이 바다를 보았다, 치자

등대 곶 앞 그곳에서 넘실거리며 굼실거리며
너울로 밀려오는 그 바다를 보았다, 치자
그래서 내가 일찍이 당신에게 들려준 그 바다를 보며
내 생각이 아주 조금 생각났다, 치자

폭풍우 속 울릉도 페리 연락선 그 뱃머리에서
뱃전에 부딪혀 공중 높이 비산한 바닷물이
당신의 몸뚱이 전신을 덮치듯이 휩쓸어 오는 바로 그 순간
내 생각이 당신 머리를 잠깐 스쳤다, 치자

동해 바다 한가운데, 투명하기도 하고, 안 투명하기도 한
네이비블루 공간 안에서 달빛이 구름 구름 사이사이로
주름 주름 커튼을 만들 때
내 생각이 반짝였다, 치자

남태평양 적도 부근 무풍지대에 생기는
잔물결 하나 없는

수평선까지 펼쳐진 매끄러운 유리판 같은
깊고도 깊은, 맑고도 맑은 짙은 푸른색 바다
본 사람이 별로 없는 그런 바다
나만의 바다에 당신이 와서 둘만의 바다가 되도록
내 기억 속에 한 자리 차지했다. 치자

그래도 난 당신이 멀기만 하다
당신에게 해줘야 할 바다 얘기가 멀기만 하고
당신에게 해줘야 할 그리움 같은 얘기가
끝 간 데 없이 멀기만 하다.

동대구역 새벽

추운 날 새벽에는 바람들이 숨바꼭질한다
내 옷깃 사이 숨은 바람
내 발자국 되어 흔적으로 남고
숨바꼭질 바람 속에 당신은 흔들리듯 서서
줄에 달린 걸개처럼 그렇게 서서
오래된 약속 같은 내 발자국
공허한 눈빛으로 하나둘 세고 있다
동대구역 청사 안 불빛은 안개가 되어 퍼지고
여기저기 떠다니는 이별은 숫자로 남겨진다

청사 밖 외등에 휘날리는 바람 소리
가슴 깊이 내려앉아 생채기로 굳으며
차가운 떠남 같은 겨울바람 빗겨 보내며
밥집 앞 따뜻한 불빛을 지나
떠남에 익숙한 가방을 지고
내 삶을 가득 담은 가방을 지고
바닷길을 그리며 동대구역을 떠난다
버스를 타고 쇳가루 이는 항구로 떠난다

내가 묻힌 발자국은 이별로 남겨지고
당신 그림자와 같이 남겨지고

나는 또 다른 바닷길을 갈 것이다
내가 항해할 바다 어딘가에 잠겨 있을
또 다른 발자국 찾아
또 다른 당신의 그림자 찾아
이른 새벽 동대구역을 떠난다.

남방 항로

호주 서안 퍼스를 떠나 희망봉*으로 간다
희망봉 가는 항로는 희망 찾아가는 바로 그 길이다
남극해에서 오는 파도는 계속 선체 좌현을 친다
꿀렁이는 선체 히스테리는 그대로 뱃전에 전해져
결국 선체 외판에 금이 갔다

항해하다 보면, 살아가다 보면
외판에 금 가고 몸에 금 가고
여기저기 금 가는 상처 한두 번이겠는가
선체에 금 갔다고 항해를 포기하지 않는다
몸에 금 갔다고 삶을 포기하지 않는다
줄기차게 가다 보면 희망봉 보일 것이고
악착같이 살다 보면 희망 등대 보일 것이다

배 안에 있는 것이야 희망 하나다
희망봉까지 간다는 희망 하나다
손안에 가진 것이야 그리움 하나다
당신을 사랑한다는 그리움 하나다
선체 손상이야 늘 있는 일이고
몸 손상이야 늘 있는 일이다
선체 손상 고치면 되고

몸 손상 또한 고치면 된다

배는 기관이 살아 있으면 된다
기관을 코아 삼아 험한 바다를 간다
삶은 사랑이 살아 있으면 된다
사랑을 코아 삼아 힘든 세상을 산다
험한 항로에 희망 가지고 배를 몰아가며
힘든 삶에 사랑 가지고 삶을 이어간다

인도양 남방 항로는 희망 찾고 사랑 찾는 항로다.

*희망봉 : 남아연방 남서안에 한 곳. 유럽에서 인도항로를 가는 선박이
항로를 찍는 하나의 지표다.

벤쿠버 하버

도시에서 겨울은 음습한 부슬비였소
부슬비는 안개처럼 뱃전에 부슬부슬 내려앉고
당신 모습 보슬보슬 내려앉았소

외로운 눈물 터진 처자처럼
별안간 당신이 우는 모습
이별 앞에 무너져 우는 모습
눈앞에 아른거려 발을 헛디뎠소
어쩌다 나는 철제 구조물 위에서 추락했소

부러진 궁둥뼈를 철심으로 고정했소
당신 향한 사랑도
철심으로 단단히 고정했소
내 앞에 당신은 눈물 사랑
당신 앞에 나는 철심 사랑이오

태평양 북미 연안 벤쿠버 비씨
축축함이 안개처럼 내려앉는 거리
밤이면 도시 이방인들 흐느적거리며
가로등 밑에 그림자처럼 모여 있소
번화한 상점가 쇼윈도 앞에서는

화려한 옷을 입은 마네킹들
바쁜 듯이 지나가며 웃음을 날리오

곡물 싣는 어스름한 부두
부슬비 내려 미끄러운 뱃전에서
당한 부상이 당신을 불러왔소

이 도시 이 거리 이 부두에 이정표 찍었소
당신 찾아가리다 어서 찾아가리다
다시는 눈물 없는 사랑 찾아가리다.

바다에 내리는 비

뱃길 곳곳에 숨어있는
무수한 기다림 기다림 기다림
소주에 말갛게 타서 마셔 버린다
또 새로운 기다림 따라서
서러움 온다

바다에 서러움 내리듯이 비가 내리고
뱃사람 가슴에 서러움 내리듯이 비가 내린다

바람이 서러운 비 몰고 다닌다
선체에 내려앉은 세월 흔적 지우려
뱃전에 몰고 와서 한바탕 뿌려 놓고
늙은 뱃사람의 가슴에도
지나다 들린 듯이 뿌려 놓는다

지나온 뱃길에 쌓인 얘기들
워낙 소박하여 잊으려 하는데
바람은 자꾸만 서러움 들쑤셔 놓는다

슬픈 기다림이다
그래서 서러움이다.

선창 산책

집에서 나온 사내는
회색빛에 물들어
몸을 조그맣게 웅크리고
거리를 지나 선창을 걷다가
조그마한 푸른색 돌멩이 하나 주워 주머니에 넣었다

하늘과 바다가 사내의 시선을 받아서
시끄러운 소음을 작게 만들고
도시를 작게 만들고
푸른색 향기를 짙게 뿌리며
사내의 어두운 회색빛을 거두려 했다

선창 산책에 하늘과 바다가 마중하는데
한 무리 그림자가 사내를 추적해서
사내는 결국 선창을 벗어나
회색 거리로 돌아가기 시작했다

사내가 가지고 있어야 할
푸른 상념들 색깔을 되찾으려고
호주머니 속 작은 돌멩이 하나
무지개색으로 변색 되고 있었다.

세월

땅 위에서는 산이 지나쳐 가고
바다에서는 물이 지나쳐 갔다
비린내 나는 어두에
해와 달이 슬쩍슬쩍 옆눈을 주며
자꾸자꾸 지나쳐 갔다

해와 달에 뺏기는 날 비린내 때문에
바닷게의 눈을 닮아 모래 속에 숨은 날
폭풍의 힘을 빌려와 모래탑이 살아나서는
큰 힘으로 나를 누르고
내 비명을 못 들은 척했다

싱싱한 어두를 든 여인에게 기도 받았다

하늘과 바다 사이가 그리 멀어도
여인의 기도는 물결 따라 흘러나가
끊기지 않는 울림으로
산과 들과
해와 달을 추적하며
내 마음도 추적했다.

먼바다 먼 당신

내가 바다를 그리워하면
당신을 그리워하는 것이오

늙은 꽃잎 고운 허물 벗으며 부서지면
갯바위에 부서지는 바다를 그리워하듯
당신을 그리워하오
허기진 여름 찐득한 땀이 몸을 훑으면
모래사장 훑으는 바다 물방울 그리워하듯
당신을 그리워하오
선뜻한 가을바람 옷깃에 파고들면
강변에 서서 바다를 그리워하듯
당신을 그리워하오
두터운 겨울이 곁을 지날 때
헌 외투 두껍게 걸치고 바다를 그리워하듯
당신을 그리워하오

심지어는
바다를 보면서도 바다를 그리워하오
다시 말하오
당신을 보면서도 당신을 그리워하오.

저 건너 긴 밤이

밤바다 위
도깨비 불빛들이 기어 나와
누런빛을 뿌리며 흔들리고 있다

바다에 긴 밤이 지나는 동안
아이의 잠 속에 스며든 귀항 항로는
어둠 속에서 뱃길을 찾는다

선박의 누런 색등은 도깨비 불빛을 뿌리며
바닷속 인어들을 유혹하고
사이렌은 이제 노래를 부르지 않는다
혼을 빼는 노래를 불러도
홀리지 않는 수부들
차라리 물속에서 그들의 긴 밤을 지켜 주노니
귀 모으면 들리는 파도 소리는
사이렌이 들려주는 속삭임이다

긴 밤 속의 귀향 항로는 잊었을 것 같은
너라는 또 다른 바다를 일깨우고
그 바다를 찾는 나의 항해는 꽤 길다

저 건너 긴 밤이
닫힌 하늘 속에
깊이 잠들어 있는데
칭얼대는 어린아이 잠 속으로
오래된 너의 바다로
배의 기관음이 가고 있다

이국 항구의 밤

잿빛 하늘 아래
누워 있는 잿빛 바다
우리들이 며칠 동안 먹어버린 이국의 바다
부둣가 외등에 불빛 켜져서
또 하나의 내일이
떠나야 할 내일이
물속에 드리워졌다

부상으로 바다를 놓쳐 버린 동료 하나
깁스한 팔을 흔들고
호수 같은 바다에서 어설픈 잠을 잤다
동료의 잠 속에 보인 각시는
하루를 이별하는 인사를 하더라고 했다
이별 인사가 눈에 밟혀
먼바다로 각시 찾아 떠나겠다고 한다

이제 바람에 하얗게
겉옷 벗는 먼바다 찾아 떠나겠다고 한다
이제 바람에 하얗게
겉옷 벗는 각시 찾아 떠나겠다고 한다

가랑비 흔들리는 이국 항구 외등 불빛 속
조용한 밤이 이별을 던진다.

포항 선창

포항 항로에서는
바다가 바람의 사주를 받아
하얀 껍질들을 자꾸만 떨어냈다
밤 시간을 쫓아
추적해 온 바다 물결
하상을 핥고
파도에 발길질 받는 뱃길
포항 선창에
들어와 박혔다

예전에 친했고
이제는 멀어진
원색의 네 모습이
추억으로 선창에 섰다
돌아서는 아쉬움
가슴 저미는 그리움으로 섰다

뱃길 따라왔던 만남들
그때 너와 나눈 꿈 얘기는
물결 소리에 묻혀 공허한 웃음으로
바래져 날아갔다

꺼멓게 웅크린 제철소
멍울진 바람이 쇳가루를 실어 와서
바다 위에 그어진 항로를 지우고
너와 나 지난 얘기를 지운다
그러나 다시 보면
새로운 항로 해도 위에 그어지듯
네 그림자 선창 위에 그려진다.

파나마운하

저 바다와 이 바다에서 많은 인연 쌓아 왔다
쌓은 인연 이리저리 돌고 돌아
나는 이 바다에서 당신 찾아 바닷길을 간다
당신은 저 바다에서 나를 기다리며
그리움에 묻혀 우리 인연 새기겠지
소중한 인연 다시 잇기 위하여 운하를 건넌다
대서양 태평양 사이 파나마운하*를 건넌다

배는 힘겹게 계단을 올라 산으로 오른다
육중하기 짝이 없는 크고도 무거운 배가
비중 1.0 가벼운 물에 실려서 한 갑문 한 계단
천천히 정상에 오른다
정상에 있는 넓은 호수를 항해하고
맞은편 태평양 대양을 향하여
이번에는 한 갑문 한 계단
갑문을 열고 닫으며 차례차례 내려간다

운하는 거대한 두 바다를 이어준다
이 바다에 남겨진 사연들 저 바다로 건네주고
저 바다에 두고 왔던 인연들
다시 찾아 이 바다로 건네준다

사연들 넘어가고 넘어오고
인연들은 쌓아지고 그리움은 깊어가고
사랑은 익어가고 삶은 이어진다

이 바다 저 바다 아무리 멀어도
소중한 인연은 바다만큼 멀지 않다
만일 멀다면 그건 당신 마음이 먼 것이다
우리 사연 더 쌓기 위하여
우리 사랑 더 익히기 위하여 운하를 건넌다
세월을 자르는 지름길 운하를 건넌다.

* 파나마운하 : 남 북미 대륙 가운데에 건설된 운하. 태평양과 대서양을 이어준다. 계단 갑문식으로 이루어져 배가 해발 26미터 정상 호수로 오르고 호수를 건너서 다시 바다로 내려간다.

푼타아레나스 서사敍事

– 바닷길을 가며 –

폭풍 속 칼바람은 뱃전을 휘감아 나가며 쇳소리 휘파람을 낸다
파도는 하얀 거품들을 토해내며 산처럼 높이 솟아 몰려온다
남미 대륙 동쪽 연안 바다
거센 바람 몸부림치는 바다
배는 산더미 파도 위로 솟구쳐 올랐다가
파도 골짜기로 곤두박질친다
큰 배가 심한 피칭*을 하면
슬래밍*이 나타나고 배 허리 꺾이는 소리
"쩡"하고 울리며 뒤이어 선체가 부들부들 떤다
뱃 꽁무니 추진 스크루 잠깐 허공에 뜨고
기관음이 사라지고 사람들 숨을 죽인다
황천항해 중에 기관이 죽는다는 건
황천에 한 발을 들여놓는 것
하지만 잠깐 쉬고 다시 울리는 기관음
죽지 않는 기관음 살아있는 심장
배는 살아 있는 생명체다

배는 버진 곳을 지나 땅에 둘러싸인 안 바다에 든다
안 바다는 산 같은 너울은 없다
삼각주 모래톱에 오래된 도시로 간다
낮게 울리는 기관음을 자장가 삼는다
배는 잔잔한 요잉*을 하고 요잉은 요람처럼 잠을 부른다
수평선 위로 도시 불빛이 나타나면
사람 사는 냄새가 풍기기 시작한다
도시가 천천히 형체를 들어낸다
뱃사람들 닻을 내리느라 바쁘게 움직이면
배는 닻을 내리고 휴식에 든다
귀향 항해가 끝난다

- 푼타아레나스-

남미 대륙 여신 하초로 마젤란 해협이 자리 잡았다
해협 깊숙한 곳에 도시가 자궁처럼 앉아 있다
해도에 잠자던 한 점이 해도에서 벗어나 땅 위에서 날개를 편다
이차원 평면이 삼차원 입면으로 요술처럼 나타나며
거리는 가로놓여 이국적인 모습으로 살아난다

도시는 잉태와 출산을 숙명처럼 반복하며 소롯이 앉아
있다
  여러 배들이 잉태를 위하여 오고 출산을 위하여 떠나간
다
  마젤란이 해협을 열고 도시가 터를 잡았다
  도시는 자궁을 간직한 산모가 되고
  배가 바다에서 돌아갈 집이 되었다

  나 보려고 오셨네요
  오늘 밤에 축배 한 잔 듭니다
  만남이라는 칵테일입니다
  카페 여인 입을 빌어 도시가 축배를 권한다
  뱃사람들 기꺼이 축배를 들고 연지분에 취한다
  밤을 쫓아 바다에서 온 방랑자
  여인과 축배는 바다를 잊게 한다

  마젤란호의 동상은 기억이다
  파나마 운하 개통 전 전성시대의 도시도 기억이다
  기억들이 추억되어 기념물로 살아났지만
  그건 낮에 도시를 순례하는 여행자들 차지다

바다로 뻗어 있는 부두는 배로 가는 탯줄이다
아기는 탯줄을 통하여 세상을 준비하고
배는 부두를 통하여 바닷길을 준비한다

푼타아레나스는 영원을 부르는 빙하 불어오는 찬 바람
이다

- 바다로 떠나며-

우리들 인연 잊지 마세요
먼바다를 갈 때 우리 인연을 꺼내 보세요
그리움이라는 몸살로 남겠지만 잊지 마세요

프로워드 곶을 지나면 좁은 해협
요리조리 돌아가는 뱃머리
일정한 속력으로 해협을 지난다
가파른 산등성이 위 눈 덮인 봉우리는
슬쩍 웃음과 비웃음을 같이 보낸다
슬쩍 웃음은 해협을 지나는 모습에 주고
비웃음은 대륙 여신 하초를 범하는 무모함에 준다

들이쉬는 숨은 태초에 청량한 차가움이다
살얼음 끼는 풍광 사이사이에 끼어 있는
풀들이 차갑고 바람이 차갑고
배 기관 둥둥거리는 소리도 차갑다
갑판에서 일하는 동료의 모습도 차갑다
차가움은 온몸으로 퍼진다

산도를 지나는 아기처럼
좁은 해협을 지나 태평양으로 나간다
긴 항해가 시작된다
또 하나의 삶이 시작된다.

* 피칭 : 배가 앞뒤 수직으로 출렁이는 현상
* 슬래밍 : 심한 피칭 시 나타나는 현상
* 요잉 : 배가 좌우로 흔들리는 현상

2부 유전자

벚꽃 길에서

벚꽃 길 따라 봄이 흐르는 밤
흐드러진 벚꽃잎들
가지 끝에 매달려서
흐르는 봄 마중한다
봄에 얹힌 시샘 바람
벚꽃잎들 흔들어서
날리는 꽃잎 되어
바람 살짝 올라타고
떨어지는 꽃잎 되어
팔랑팔랑 봄 마중한다

봄 마중한 내 마음도
꽃잎 따라 날고 지며
사는 동안 쌓여온 지난 한을
팔랑이는 춤사위로 풀어낸다
맘속에 스며든 아쉬움
봄 흐르는 꽃길에서
벚꽃잎 따라 날려보며
한편 마음 달래보고
두 편 마음 다독인다

봄바람 타던 꽃잎 따라
춤으로 풀어낸 마음도 하늘거리고
꽃잎 떨어져 쌓인 땅 위에
하늘거린 마음도 떨어져 쌓여
빗자루 끝에 쓸려간 꽃잎 따라
꽃잎 같은 마음도 쓸려가고
어느 구석 어느 꽃자루 한편에
지나간 봄으로 남겨지겠다.

유전자

나, 그대가 기생하는 숙주로서
그대에게 고맙다는 말 전하오

그대가 나를 보낸 이 세상은 놀라움이더이다
해 질 녘 노을 그 서러움에 눈시울을 적신다오
동틀 녘 햇살 그 눈부심에 눈망울이 놀란다오
밤하늘 별들 넓은 바다 놀랍고 놀랍더이다

놀라운 건 또 있더이다
꼬맹이 웃음소리 허공에 산뜻하지만
어느새 늙은이 호박 웃음 되어 돌아가고
꽃송이 화려하여 주위를 휘감지만
어느새 낙엽 되어 거름으로 돌아간다오
오고 가는 섭리가 또 놀랍더이다

그런 세상보다 더한 놀라움이 내게 하나 더 있소
그대가 나를 보내며 얹어준 무기
유전형질* 속 사랑이라는 속성이더이다
고귀한 이 사랑을 논아 받고 논아주며
같이 웃고 같이 눈물 흘렸소
발현 형질*로 이 사랑을 꽃피우며 같이 살았소

사랑이라는 놀라운 무기에 진정 고마움을 전하오
그대는 종족 유지 본능. 그대의 영생을 위하여
나를 보냈지만 나는 영생은 없소이다
단지 한 번뿐인 삶이지만 사랑이 있더이다

이 무기가 꽃으로 피면 진저리나는 사랑이 되더이다
영생이 없어 더욱 귀한 그런 사랑이 되더이다
영생을 사는 그대는 영원히 모를 그런 사랑이 되더이다
영생과도 바꾸지 않을 그런 사랑이 되더이다
한 번뿐인 삶이라서 더욱 고귀한 그런 사랑이 되더이다

바로 그 때문에 그대에게 고맙다는 말 전하오.

* 유전형질 : 생장과 성장에 관여한다. 유전된다.
* 발현 형질 : 환경적 요인으로 성숙에 관여한다. 유전되지 않는다.

겨울 소식

쓸쓸한 바람이 여기 머물러 있구려
당신은 계절 하나 내게 던지셨구려
차가운 겨울바람 이는데
당신이 던진 계절은
내 마음 깊이 가라앉습니다

산등성이 휘도는 겨울바람
그 두터운 등 너머로
가을은 가버리고
당신과 함께 가버리고
겨울은 여기 머물러 있나니
나 또한 여기 머물러 있나니

심술궂은 겨울 소식
봄 손짓에 밀려 떠나갈 때 기다리고 있나니
아픈 이별 또한 만남에 밀려
떠나갈 때 기다리고 있나니

추운 겨울밤
당신이 불러 올 봄 손짓은
기다림에 지치는 내 영혼에

그림자 되어 나타나
가뭇없이 흔들리는구려.

만유인력

소나기 한바탕 앞 개울 건너와서 뒷길로 돌아가오
빗줄기에 묻어온 당신 상큼하구려
수박 한 덩이 내가 장만했소
여기 이렇게 수박화채 꽃처럼 피었으니 드시오

인연이 인력引力이란 걸 아시오!
세상만사 세상 인연, 만유인력의 한 종류라오
만유인력 그 우주적 법칙 안에
맺어진 이 인연의 끈을 놓을 수 없소

솔직히 말하면
당신의 향기로운 손을 놓을 수 없소

인력의 테두리 안에 인연이 있는데
끌고 끌리는 인력에 묶인 인연을
질기고 질긴 끈으로 동여매시고
행여나 잡티가 있다면 멀리하시기를 다만 바랄 뿐이오
내 마음 한결같다고 말하고 말하노니
그대 마음 수많은 여름 내내 내 곁에 남으소서

쌓인 것 너무 많아 버릴 수 없고 그럴 마음도 없소

왔던 길 너무 멀어 돌아갈 수 없고 그럴 마음도 없소
수년을 하루처럼 같이 왔으니
백 년을 하루처럼 같이 가겠소.

금잔화

아파트 113동 화단에 금잔화 열댓 송이
바람결에 하늘거린다
그리고 깊이 숨겼던 옛날을 되돌려 준다

아범아 이게 무슨 꽃인지 아니?
아범은 모른다 한다
아니 어쩜 금잔화를 모를까
노란 바탕 빨간 점 조그맣고 예쁘게 피는 금잔화
하늘거리며 세월 쫓아왔다
금잔화 닮아 소박하게 피었던 나도
하늘거리며 세월 쫓아왔다
여기까지 세월 쫓아 멀리도 왔다

조그만 꽃에 숨어있는 빛 길
빛 길 따라왔다가 빛 길 따라가는데
금잔화가 나를 멈춰 세우고 속삭인다

가끔 하늘거리며 하늘을 올려다 봐
갈 길 다 왔고 할 일 다 했잖아
깊은숨 내쉬며 하늘거려도 괜찮아
세월은 쫓아가면 앞으로 마냥 내빼기만 하지

우리를 기다리는 그런 일은 없어
발 동동 숨 폭폭 하지 마
나처럼 가끔 하늘거리며
하늘을 올려다보라니까

올려다본 하늘가
못가 본 개성 그 집, 푸르던 시절
엄니와 언니가 보일 듯 말 듯
흐린 기억 속으로 아스라이 사라진다.

보라매공원 유월

기억의 강을 거슬러 올라 그 저편으로
저편 어디엔가 당신이 있을 것 같아
레테의 강을 건너지 않은 당신이 있을 것 같아
공원 호수 벤치에서 당신 찾는 술래가 됩니다
술래잡기 끝 붙잡은 당신은
환영으로 다가오고 그래서 눈 떠보면
유월에 눈 부신 햇살만 허공에 가득합니다

햇살은 호수의 잔물결 물결마다 흩뿌려지고
흩뿌려진 반짝임 하나하나가 내 눈망울을 멍들게 하고
그리움의 상처를 덧나게 합니다
상처마다 당신을 향한 마음이 발갛게 물들어 갑니다

기억 저편에서 공원은 추억을 불러오고
숨 가쁘게 오르내리던 둘레길도 불러오고
우리가 앉아 있던 정자도 불러오고
호수 벤치에서 새로운 인연을 낚는 연인들은
예전 당신과 나를 불러옵니다

가지마다 날리는 잎새들에 이는 바람결도 여전하고
계절 따라 다시 피어나는 꽃 이파리도 여전합니다

한가로이 거니는 사람들 모습도 여전하고
둥그런 트랙을 도는 사람들 물결도 여전합니다
사람들 물결 따라 시간도 동그랗게 흐릅니다
동그랗게 흐르는 시간을 멈춰야 할 것 같아
내 마음 검색하니 당신 찾아 떠나야 한다고 검색창에 뜹니다

오랫동안 안식년을 보냈습니다
막상 떠나려니 정처 없는 길이지만
이제는 떠나라고 누군가 등 떠밉니다
끝이 있는 여정이라고 부추깁니다

내 머릿속 더듬이가 당신 찾아 다다른 곳
다시는 이별이 없을 그곳에서
나의 척추 신경을 살짝 긴장시키던
당신의 미소를 맞으며
손에는 동그랗게 혹은 모나게 지나온
나의 세월을 담아 드리지요
또 한 끗 원망 한 줌도 팁으로 얹어 드리지요.

석수역

빗줄기 가늘게 뿌리는 역사
사람들은 모이고 떠나간다
살아가는 여정에 모였던 사연들도 떠나간다
네가 나에게 주었던 그 많은 설레임
그 많은 눈물 여기 모이고
시간이 흐르면 떠나가고
사연으로 남아 살아가는 여정 어느 곳에
딱지 앉은 흔적으로 새겨진다

바위틈 사이 흐르는 물 같아서
멈추는 일 없이 곧장 흘러가는 사연이었던가
구름다리 건너 석수역에 들면
다정했던 그림자 빗줄기 속에 젖어 든다

플랫폼에 서서 그리움 속에 서서
가야 할 여정 헤아리지만
그 길 어디에도 찾을 만한 그림자 없다
급행 전철 바쁜 듯 요란하게 지나가면
내가 잃어버리고 손 놓았던 사연들
누렇게 빛바랜 엽서 되어
쓸쓸하게 이리저리 날리고 있다.

꿈

당신 바람이라면
민들레 홀씨 되어 바람 타겠네
당신 꽃 무리라면
호랑나비 되어 꽃 무리 타겠네
당신 강변이라면
흐르는 물결 되어 강변 타겠네
당신 하늘이라면
떠도는 구름 되어 하늘 타겠네

아니 아니 다 필요 없네
당신 그림자 되어 당신 타겠네
당신 있을 때 언제든지
당신 가는 곳 어디든지
꿈에서라도 당신 타겠네
당신 옆에 나 있는 듯
당신 옆에 나 없는 듯
당신 꿈에 올라타겠네.

사월 라일락

내 피리 소리가
당신께 날아가다가 흔들림은
피리 소리 말초신경이
허공에 연기처럼 흔들려서요

당신은 짓궂게도
사월에 라일락 향기를
자신인 양 허공에 흩뿌려 놓았구려

당신께 가는 길이
낮은 돌담길이 아니라면 어떻소
당신의 얼굴이 행여 보이지 않으면 어떻소

라일락 향기가 당신을 일깨우며
사월 봄 속에서 흔들리고 있소.

선택

왔다 가는 수많은 사람들 중
당신을 선택했습니다
당신이 왔을 때
내 등뼈에 살짝 전율이 흐른 느낌을
잊을 수는 없습니다
그래서 당신을 보고 또 보았습니다
볼 때마다 내 선택은 명확해지고
내 초점은 한곳으로 모아졌습니다
당신을 볼 때까지
난 운명을 믿지 않았습니다
당신에게 집중할수록
운명은 내게 할 일을 요구합니다
내 생애 다 할 때까지
내 선택에 잘못이 끼어들 수 없도록
집중을 더 할 것입니다
당신을 사랑합니다.

나비 진혼무鎭魂舞

> 같이 여행해줘서 고마워요. 나중에 커서 꼭 갚을게요.

더운 계절 어느 섬에
나비 한 쌍 되었다
열다섯 나이 되어
열일곱 누이 함께
나비 한 쌍 되었다
이 꽃 저 꽃
저 바람 이 바람
이리저리 날고 날다
누이가 꽃잎 쉬면
나도 따라 꽃잎 쉬고
내가 바람 타면
누이 따라 바람 탄다

바람 타고 하늘 올라
못다 산 내 인생
못다 이룬 어른의 삶
날갯짓으로 풀어낸다
춤사위로 풀어낸다
이승을 못 떠나서

공중에 높이 올라
끝 간 데 없이 높이 올라
세상 한풀이 한바탕
진혼무鎭魂舞 한 굿판
하늘 가득 펼쳐 낸다

진혼부 속 우리 넋은
밤하늘 별이 되고
수많은 별들 속에
한 별 되어 반짝이고
두 별 되어 사랑한다.

* 참조 : 김해 남매 살인 사건, 동반 자살 사건. 아버지는 무기징역, 남매는 죽었음.

산수유

오늘 진정 봄이네
산수유 꺾으러 가야 하네
산허리 어디쯤 무딘 가지 끝에 숨어서
수줍은 듯 살짝 움 내미는 노란 마디마다
내려앉았을 봄 찾아가야 하네
산수유 꺾어다 꽃병에 꽂아 넣고
은근슬쩍 번지는 꽃내음 맡으려 하네

오늘 진정 봄이네
봄바람 타는 소년 만나러 가야 하네
산 마을 어디쯤 그늘에 홀로 앉아
외로워 부르는 노랫소리 마디마다
내려앉았을 봄 찾아가야 하네
소년 마음 훔쳐다 보석함에 감춰 놓고
스리슬쩍 스며드는 연심戀心 즐기려 하네

오늘 봄이 지나가자 하네
산수유 꽃망울 살짝 건드리며
소년 마음 멍울 살며시 만지며
실례를 무릅쓰고 지나가자 하네
꽃내음 뿌리며 지나가자 하네

늦가을 텃밭

텃밭에서 가을이 떠나가고 있다
텃밭 너머 산등성이 갈색으로 물들이며
멀고 먼 노을이 바람처럼 비껴간다

오래전에 무 배추 심었다
나를 심고 너도 심고
하늘도 심고 물도 심고 세월도 심고
손바닥 텃밭에 사랑 한 줌도 같이 심었다

돌보아준 텃밭
곁들인 사랑 한 줌
지나기는 세월 한편에
가만히 자리 잡아
떠나가는 가을 끝자락 붙들고 있다

가을이 떠나면
너도 떠나고 나도 떠나고
하늘도 물도 세월도 떠나고
우리들 사랑 한 줌도 같이 떠나겠지.

인연

한쪽 팔 베게 삼아 잠이 들지요
꿈속에서 바닥으로 떨어져 삶이 시작됩니다

살아가는 도중 나타나
내 곁을 스치고 지나간 숱한 인연들
허둥대며 잡지 못한 인연들
이제 와 돌아보니 아쉬움입니다
지나간 모든 인연들에
고개 숙인 용서가 허락될지 모르겠습니다

손가락 사이로 세월은 지나가고
텅 빈 마음 한가운데로 바람은 지나갑니다
세월 보내고 바람 보내고
삶이 끝날 때가 오고 있습니다
끝날 때는 부드러운 솜이 나를 받쳐 주기를
눈앞을 지나며 포근함을 주고받은 인연들이
나를 사뿐히 받쳐 주기를 소망합니다
그래서 손바닥 안에 텅 빈 마음 한 켠에
사랑 하나는 남아서
소중한 인연이 언제까지나
이어지기를 소망합니다.

거긴 거기지

강 건너가서 기다린다고 말하지만
도무지 알 수가 있나

거기서 우리 인연 이어가자고
자꾸 웃어주는데
이어질 인연인지 아닌지
도무지 알 수가 있나
우리 행복했다고
거기서는 더 행복할 거라고 하는데
행복할지 안 할지
도무지 알 수가 있나

난 싫다니까
님 강 건너가는 게 싫어
님 가면 나도 따라갈 거야

님 보내고 어찌 살라고
거긴 거기지
여기서 내가 더 잘할게
정말 잘할게
님아 이리 빨리는 가지 마소.

한계령 단풍

한계령 단풍이 내 앞에 서더군
아내가 서더군
단풍은 여전한데
아내는 세월과 함께했어
난 단풍 속에서
오래된 모습을 보았어
35년 전 그때 그 자리에
아직도 우리는 서 있더군
노랗고 붉은 한계령 단풍 속에

단풍은 풍만해도
우리는 늙어가고
세월은 노랗고 붉은
단풍과 같이 흐르는데
우리는 갈색으로 바래지고
또 회색으로 흘러가겠지
그렇지만 내가 알듯이
아내도 알 거야
우리의 여정이 아직 끝나지 않았음을
가야 할 길이 남았음을

다시 계절이 흘러
5년이나 흘러 10년 20년
우리처럼 세월이 흐른 뒤
내 할 일 다 하고 난 뒤
단풍 앞에 서면
그때는 살면서 묶어 놓았던
단단했던 이 마음 풀어야겠지.

두텁바위 쪽으로

남산 기슭 바위 터에 새끼 용들 살았다
와자그르르 모여서
봄 햇살 마구 휘젔고
여름 햇살 사방으로 내던지고
가을 햇살 낙엽 밑에서 헤치며
겨울 햇살 고드름 밑에 고이 모았다
봄 여름 가을 겨울
바위는 두텁게 솟아올라 새끼 용들 키웠다

딱딱한 나무 의자 궁둥이 바짝 당겨 앉고
눈알 반짝이며 귀도 활짝 열어 놓고
두뇌 속 뉴런 시냅스 힘껏 돌려 공부했다
먼지 이는 황토 마당 먼지 벗들 우정 쌓고
은행나무 그늘에서 고독도 심어보고
목련 노래 부르며 구름도 세어 보고
낮잠 속에 꿈꾸듯이 여고생들 그려보고
천방지축 나댔는데 삼 년 세월 흘러갔다

육십여 년 흘러갔다 삼 년처럼 흘러갔다
두텁바위 언저리는 변함없는 모습이고
내 추억은 똬리 틀고 고스란히 앉아 있다

옛 동무들 모여들어 호박 웃음 웃는다
웃음 속에 언뜻 보인 지난 흔적 새롭다
소년 시대 품은 뜻을 어이 잊어 놓지 않고
팔십 평생 세월 속에 가만가만 얹어 본다
사해를 누볐어도 돌아보니 꿈만 같다
용이 되어 걸어온 길 굴곡진 인생살이
저마다 전설 남아 두텁바위* 모아진다.

* 두텁바위 : 후암동. 용산고등학교 위치

거리

꽃 이파리
흐트러져 날려
꽃장수
리어카 버려놓고 헤매었다

거리거리 놓인 꽃의 파편들
어제 있던 거리
환상의 거리 속으로
바람에 휩쓸려
날아갔다

검게 내려앉은 꽃장수 이마
꽃을 든 두 손 모두어
우러른 회색빛 하늘가
바람만 비껴간다

사랑 이파리
흐트러져 조각되어 날아갔다
사랑했던 그 사람
그림자 찾아 헤맨다
어느 거리 어느 구석

망부석 되어 기다릴까

꽃 없는 거리가
꽃장수 발을 부르고
사랑 없는 거리가
사랑 잃은 나그네 발을 부른다.

건널목

꽉 찬 보행자 신호
깜박임을 시작하자 첫걸음을 내디딘다
깜박임은 내 등을 매몰차게 떠민다
깜박임뿐이랴
길을 건너자니 등 떠미는 화상이 참 많기도 하다

건널목 첫걸음은 인생 첫걸음
처음에는 쉽게도 내디뎠다
까르르 웃고 배고프면 울고
세상을 모르고 놀았는데
어느새 누가 등 떠민다
좀 자라니 사탕이 떠밀고
좀 더 자라니 사랑이 떠밀고
나이가 차니 쾌락이 떠밀고
나이가 넘치니 욕심이 떠밀고
나이가 넘쳐흐르니 이제 허무함이 등 떠민다

등 떠밀리며 가다 보니
어느새 건널목을 거의 지난다
인생을 거의 지난다
녹색 깜박임은 반짝이며 계속 등을 떠민다

건너야 할 길이 아직 있다고 한다

불현듯 돌아본다
잊고 온 물건 없는가 돌아보니 많기도 하다
저지른 시행착오 많기도 하다
깜박임에 통사정한다

너무 등 떠밀지 마
내 등은 닿지 않는 허공이 될지도 몰라
아직 가야 할 길이 남았어
사랑할 일 많이 남았어.

방숙 친구

먼저 가시는군
이승의 강 건너 그곳에서
나 가면 웃으시며 반기시려나

푸르던 시절 교정의 꿈은
백발 되어 갔어도
남은 삶 호박 웃음
같이 웃으려 했는데
무에 급해 그리 빨리 가시나

살 만큼 살고 왔다고
그곳에서 웃으시며 기다리시려나

여기서는 추억이 무겁소
허기지고 허무 지어
마른 눈에 아쉬움과 슬픔만 흐르오
몇 년 더 있다가 허무 하나 더 지고
그대 따라가리다
부디 잘 가시오.

* 먼저 가신 친구들께 바칩니다.

0 그리고 1

당신은 우리가 서로서로 연락한다는 것에 동의했다
당신이 어떻게? 라고 물어서 0과 1로 연락하자고 했다

0은 펄스가 없는 것이다
없지만 존재한다
없다는 사실로 존재감을 과시한다
당신과 내가 그때 그 자리에
어떤 모습으로라도 없다 라는 부존재는
당신과 나의 연락 관계에서 중요한 요소이다

1은 펄스가 있는 것이다
있다는 사실로 존재감을 과시한다
그때 그 자리에 당신과 내가 있을 때이다
어떤 모습으로라도 있을 때이다
그 어떤 모습이 어딘가 망가졌어도 혹은
더럽혀지고 젖어 있어도 상관없다
있다 라는 사실의 존재감은
당신과 나의 연락 관계에서 중요한 요소이다

있고 없고 있고 있고 없고 있고 없고 없고
10110100········

디지털 세계에 온 것을 환영한다
있고 없고
이 세계에 온 것을 환영한다

이 세계에서는 모든 것이 명확하다
당신과 나의 관계에서 희미함은 있을 수가 없다
관계가 있는 것도 같고 없는 것도 같다거나
사랑이 있는 듯 없는 듯 아리송하다거나
이런 거는 있을 수 없다
0과 1이 있거나 없거나 둘 중에 하나다
이외 더 이상의 존재 혹은 부존재는 필요 없다
펄스가 있고 없음의 조합으로
모든 무지개색을 나타내 보여줄 수 있다
모든 음색을 당신 귀에 들려줄 수 있다
모든 시구로 당신 머릿속을 채울 수 있다

그렇지만 왠지 부족하다
당신에게 다가가는 때에 설렘이 없고
당신을 만나던 때 척추 신경에 일던 짜릿함이 없다
당신 눈가에 어리는 눈물을 찾을 수 없고

당신 입가에 살짝 보이는 미소를 찾을 수 없다

그렇지만 0과 1이 늘어선
이 세계에 온 것을 환영한다
아날로그적 느낌을 디지털식 사랑에 덧입히는 것은 숙제다
0과 1을 예쁘게 늘어세워야 한다
그러면 연락은 이루어진다.

오월 어느 날

오월, 여왕이라 하더니
바람에 손바닥 뒤집는 나뭇잎처럼
햇빛 구름으로 뒤집고 구름 햇빛으로 뒤집고
툭하면 보슬비 뿌려대고
툭하면 따듯한 햇살 뿌려댑니다
내 가슴 속 허파꽈리도 뒤집더니
감기도 뿌려댑니다
어찌할 바를 모르겠습니다
좋아해야 할지 싫어해야 할지
여왕 변덕에 갈피를 못 잡겠지만
오월, 좋아하고 싶습니다

사방에서 보란 듯이 투두둑거리며 꽃들이 피어나고
잎새가 보란 듯이 도탑게 물들어가고
새들 날갯짓 보란 듯이 하늘을 누비고
봄바람 숲에서 들에서 산들거리니
오월, 좋아하지 않을 수가 없네요

사계절 숨은 듯이 지내더니
오늘따라 여왕 분단장 한껏 뽐내고
꽃 햇살 그리고 부드러운 채광으로

온 세상 런웨이 만들고는
주인공 되어 화려하게 걸어옵니다
여왕 자태를 눈부시게 펼쳐냅니다
여왕 맞습니다
오월, 좋아합니다.

안테나

내게 주던 손짓들
네게 주던 속삭임
바람에도 흔들리지 않는
폭우 속 등대지기 되어
우리 사랑 옮겨주는
볼품없는 안테나
오는 신호 가는 울림
전령(傳令)으로 변신하여
당신과 내게 보내주는
묵묵한 마음 가진 고마운 안테나

처음부터 옮겨주는 장치로 생겨났다
언어를 옮겨주고 신호를 이어주고
손짓들을 옮겨주고 속삭임을 이어준다
무엇보다 사랑을 옮겨주고 이어준다

건물 옥상 그리고 실내에서
혼자 걷는 거리에서
둘이 걷는 공원에서
해바라기하듯 가만히 서서
아무런 말도 없이 관계를 이어준다

내 지나온 세월을 이어주고
지금 내 존재를 증명하며
앞으로 내 사는 날
너와 나 같이 사는 날
서로 사랑하며 걸어가는
굴곡 많은 여정을 이어준다.

울산바위 패러글라이딩

미시령 산마루에 패러 날개 펼쳐 본다
릿지* 바람 올라타고 산기슭 비켜 가며
울창한 나무숲을 바람같이 스쳐 간다
복사열 상승기류 천 미터 고도 찍고
높은 하늘 산책하듯 여섯 봉을 누벼본다
구름 안에 잘못 들면 방향 상실 두렵고
다른 패러 충돌할까 겁이 잔뜩 올라오고
그러다가 구름 걷혀 푸른 창공 펼쳐지면
하늘 걷는 내 영혼은 자유롭기 짝이 없고
하늘 갇힌 내 육신은 하늘 옷에 맞춤 같다

바람 높고 하늘 낮고 몸은 높고 마음 낮다
하늘 가득 새가 되어 바람 가득 품에 안고
봉우리를 종단하며 여섯 봉을 따라 난다
자유로운 영혼 되어 세상살이 내려 보고
옛날 인연 상기하며 인생살이 돌아본다
아등바등 지난 세월 어느새 꿈만 같고
휘몰리던 세상 풍파 지나간 바람 같다

육봉을 활공하여 나의 비행 끝마치고
평평한 개활지에 한쪽 발을 내딛고는

성공 패러 성취감에 뿌듯한 맘 가득하다

능선에서 손 흔들던 알록달록 등산객들
아카이브 기억 속에 고이 간직 저장하고
인생 추억 한 페이지 맘속에 담아두고
또 다른 도전 찾아 버킷 목록 둘러본다.

* 릿지 : 산등성이. 비탈 따라 바람이 인다. 패러 이륙 시 릿지 바람은 필수다.

한열이네 집

우리들 마음속에 고개 하나씩 있지
여름을 작별할 때 고개 하나 나타나고
마음속 고갯마루
그곳에서 우리들 쉼표 하나 찍었어
복숭아 먹으며 쉼표 하나 찍었어

굽이굽이 가다 보면
한열이네 집 같은 곳이 불쑥 나타나고
넘어온 길 돌아보며 쉼표 하나 찍는 거지
찍은 쉼표마다 녹아내리는 얘기 많더라
복숭아즙이 손목까지 후줄근 흘러내리듯 많더라
걸어갈 얘기보다 걸어온 얘기 훨씬 많더라
허위허위 올라온 길 멀기도 하더라
하고픈 얘기 산같이 쌓였더라
다 풀어 놓을 수 있나?

잠깐잠깐 들어보며 최 화백님 금붕어 감상했다
한가로이 노니는 금붕어
쉼표 찍는 내 처지 닮았더군
지금은 쉼표
영월에서 오고 상주에서 오고 문산에서 오고 수원에서

왔다
  그 외 서울에서 오고 경기도에서 왔다
  열여섯 삶이 고갯마루 넘다가 왔다
  금붕어 닮고 싶어 한가로이 쉼표 찍으려고 왔다

  쉼터에서 쉼표 찍고 또 가야 한다
  가야 할 길이 남아 있다
  언제나 그렇듯 걸어야 한다
  끝 무리 더위라도 땀을 벗 삼아 걸어야 한다
  아직은 끝나지 않는 내 길
  가다가 몸 풀리면 쉼표 하나 찍고
  복숭아 입에 물고 걸으면 된다.

햇빛

햇빛이 쏟아가며 혼잣말한다

난 땅까지 가야 한다
땅에서 날 기다리는 생명들 너무나 많다

난 땅에서 모든 생명을 기르고 있다
생명들은 내가 없으면 살지 못한다
그들을 돌봐야 한다

난 하루도 쉴 수 없다
오늘 할 일 못하면 오늘은 사라지고
사라지는 오늘처럼 생명들도 사라진다
내일은 또 다른 일과 생명들이 기다리고 있다

난 생명들에게 오늘을 열어 준다
오늘은 내일이 되고 이어지고 이어져 세월이 된다
이어진 세월은 삶이 되고 자식이 되어
땅에서 생명 종이 되고
이 땅을 풍만하고 아름답게 꾸민다

난 끝에 이르는 길도 알려 준다

끝말에 가면 생명들은 돌아가야 한다
내가 던져 준 한 해 또 한 해
넉넉하고 끈질기게 살았지만
돌아갈 때 돌아갈 길
알려 주는 것 또한 내일이다.

플랫폼

온라인 마켓을 열어 본다
사람들 팔 것들 올려놓고
살 것들 찾아 사고 떠난다
장마당에 없는 물건 없다
장마당은 손가락 거래다
빛의 속도로 거래가 이루어진다
빛의 속도로 너와 나 사이 관계가 이루어진다

여기는 디지털 세계
잘 있었소! 잘 가시오!
하는 아날로그적 거래는 없다
웃음과 인심이 사라진 마켓이다
그런데 사람들은 이리로 쏠린다
플랫폼에 서는 온라인 장마당
사람들은 몰려가고 몰려온다

나는 묻혀 가지 못한다
느린 걸음으로 아날로그
시골길을 달을 보며 걷는다
하지만 이제는 인터넷이 만든
디지털 빛 길로 가야 한다

플랫폼에는 빛 길밖에 길이 없다

플랫폼, 빛과 디지털과 클라우드
이 세계에 나를 묻어 본다
나를 묻으며 되뇌어 본다
무엇을 사려고 플랫폼에 갈 거야
누구를 찾으려 플랫폼에 갈 거야

내가 사고 싶은 건 사랑인데
내가 찾고 싶은 건 잃어버린 누구인데
플랫폼에서 사고 찾을 수 있을까!
차라리 오일장五日場을 순래할까!

하지만 나는 습관처럼
온라인 플랫폼에 간다.

프로페셔널

아기가 웃는다
세상에서 가장 예쁜 생명체
세상을 사랑하는 방법은
아기에게 배워야 한다
아기 웃음은 전염성이 강하다
너에게 나에게 세상에
평화가 바람처럼 물결처럼 퍼진다
행복을 전하는 전도사

아기 방긋 웃음은
할머니 할아버지 호박 웃음으로
옆집 아주머니 벙긋 웃음으로
동네 언니 호들갑 웃음으로
앞집 오빠 호기심 웃음으로
모든 웃음으로 퍼져나간다
평화를 퍼트리는 전문가
아기는 프로페셔널이다
웃음 끝에 까르르 웃음소리는
세상 밝음에 끝장을 본다.

함바집

웅성거림이 허공에 벌새처럼 날아다닌다
조용한 속삭임은 나비처럼 날아다닌다

밥 한 끼
내일로 가는 기약이고
당신과 나를 잇는 끈이다
끝없이 이어지고 이어져
쌓아 가는 사랑이 된다

식당 앞에 늘어선 줄
서서 차례 기다리는 그림자
마음속에 사랑 하나씩 품고 있다

오전에 쌓인 피로를 삭이고
잠깐 쉬며 꿈을 꾸고
오후에 할 몸짓을 채비한다
함바집 밥 한 끼는
당신과 내가 쌓아 갈 사랑이며
삶을 이어가는 성스러운 의식이다.

문래동 새벽시장

문래동 영일시장 가면 새벽을 깨트리는 사람들 있다
육칠백 미터 남짓 이백여 점포마다 불이 켜지면
모여든 주방장들 새벽을 깬다
식재료 흥정한다
식재료뿐이랴
상점과는 식재료 흥정하고
세월과는 시간을 흥정하고
운명과는 삶을 흥정한다
산다는 건 흥정하는 것이다

건네주고 건네받는 흥정은
삶과 만나는 새벽 일상이다

흥정은 마음에 시리다
자동차 전조등은 허공에 시리다
추위는 뼈에 시리다

새벽에 하루를 연다
하루를 열 듯 세월을 열고
등 짐 지듯 삶을 진다

등에 짊어진 삶
벗어 놓을 생각한 적 없고
열어 놓은 삶 떠넘길 생각한 적 없다
새벽시장 다니면서
하루 살고 열흘 살고
한 달 살고 일 년 살고
삶이라는 카테고리 정리한다
산다는 것 별거인가
살다 보면 살아진다.

메뉴 슬픔

슬픔이라는 메뉴를 보여 주더군
강 건너와서 산 넘어가는 고갯마루 맛집에서
슬픔의 종류가 많기도 하더군

기본 메뉴가 있더라
슬픔 --- 잘 익힌
슬픔 --- 적당히 익힌
슬픔 --- 살짝 익힌

또 있더라
슬픔 --- 날 비린내 나는 신선한
슬픔 --- 해 넘어가도록 잘 삭인
슬픔 --- 쌓인 (슬픔에 또 다른 슬픔을 얹어)

또 있더라
슬픔 --- 가식적인 (거짓을 살짝 얹어)
슬픔 --- 과장된 (울부짖음을 더하여)
슬픔 --- 숨긴 (슬픔이 아닌 것으로 덮어서)

또 있더라
슬픔 --- 다가올 (누군가를 보내야 할 때)

슬픔 --- 오래된 (새 슬픔은 빼고)

내가 좋아하는 슬픔은 끝에 있더라
슬픔 --- 소박한 (아련함을 얹어서)

슬픔은 누군가를 보내고 남는 자에게 오지

반찬은 슬픔의 맛이네
찬 하나 --- 가엾고 불쌍하여 눈물나는 맛
또 하나 --- 미어지는 먹먹함에 가슴 막히는 맛
또 하나 --- 서럽고 애통하여 목에 가시 걸린 맛
또 하나 --- 참담하고 황망하여 마음 울컥한 맛

이 반찬을 조금씩이나마 다 맛보았네
 슬픔이라는 메뉴에 강 건너와서 산 넘어가는 인생이 있었네.

숲에서

비에 담뿍 젖은 나무들 사이
고요함이 이슬비처럼 내려앉는다
고요함 속에 나를 둔다
하루 건너오니
일상 속 분주함은 사라지고
또 하루 건너오니
지나간 삶이 고즈넉이 밀려온다

숲에 내려앉은 고요는
슬며시 나를 녹아 들인다
기꺼이 한 그루 나무가 된다
숲 속삭임이 귓가를 맴돌고
내 영혼은 이슬비에 젖어 든다

쑥국새는 울음으로 짝을 부른다
멀리서 쑥쓰꾹 쑥꾹 짝을 부른다
돌아보면 나도 멀리서 왔다
또 가야 할 길도 저만큼 멀다

갈 길 다 가면 나도 숲에 쉬겠지
나중에는 모든 삶이 숲에 쉬겠지

숲은 여전히 쉼터로 남아
나를 고요 속에 받아 주겠지
내가 숲에 쉬는 날
쑥국새 울음 들려오겠지.

오리 물에서

여기는 내가 발 딛고 사는 물이다
딱딱한 땅에서는 살기가 힘들었다
물에서 태어나서 물에서 살다가 물로 돌아간다

헤엄쳐서 가다 보면
흔들리는 물결 사이 지난 삶이 보인다
놓아버린 인연이 보인다
내 인연이 내 옆에 다가와
노란 부리로 내 깃털을 비빌 때
왜 같이 소담스레 비벼주지 않았을까
인연은 만들기 마련인데 도망가듯
날개를 파닥이며 멀리 갔을까
인연이 쌓여 삶이 되는데 그걸 왜 몰랐을까
그리고 이제 물에 빠지는 몸이 되어
찾아오는 회한에 몸부림친다
부리를 높이 들어 석양을 보며 눈물 흘린다
흘린 눈물 물에 떨어져
한 방울 물에 더한다

내 갈 길로 돌아갈 때가 되었다
부리 끝 기름샘에 기름 마르고

깃털이 물에 젖는다
힘차게 하늘을 날던 내 날갯짓
오면 가게 되는 섭리에 돌려주며
화려했던 삶을 보내준 자연에 경배한다
내 인연 모두 지울 때가 되었다
지나온 인연들에 안녕을 보낸다.

절망

절망은 외투 속 고이 감추어진 심장에 산다
그건 홀로 떨어져 눈을 흘기지 않는다
포기를 동반자로 삼으며 심장을 칼질한다

가수 이름 노래방에서 칼부림 났다
칼부림하여 덫에 걸린 사내가 운다
이제 나는 어떻게 돼요
곱상한 처자 어린 딸과 함께 절망에 운다
이제 우린 어떻게 살아요

자연에는 절망이 없다
풀 한 포기 자라는데 절망 없이 자란다
초원 수사자 죽는데 절망 없이 죽는다
풀꽃 같은 절망 없는 삶을 배우며
수사자 같은 절망 없는 죽음을 배워야 한다

신에게 버림받은
우리들 시지프스*는 언덕 위로 돌을 올린다
돌을 올리는데 절망 없이 올린다
돌이 굴러떨어진다
또 올린다 또 올린다

부조리라고 생각한 적 없다
삶이란 절망 없이
그냥 돌을 올리는 일이다
시지프스 돌은 삶의 굴레다.

* 시지프스 : 그리스 신화 속 인물. 언덕 위로 돌을 올린다. 돌이 굴러떨어진다. 다시 돌을 올린다.

유산

어느 봄날에
문득 내 것들을 헤아려 본다
쌓아온 내 것들
애지중지 모았지만 가지고 갈 내 것들 없다
그렇다고 남기고 갈 것들 있나!
아등바등 쥐었던 것들 놓아버려야겠지
돌아보면 살아온 흔적들은
무덤에서 기억될 인연밖에 없다
할미꽃 한 송이 외롭게 피어
막내딸 눈가에 눈물방울로나 달리겠지
살아온 끝머리에 남겨지는 내 유산들
세월 가면 흔적 되어 남은 사람 눈물 되고
또 세월 가면 눈물도 먼지 되어 사라지겠지
허망함이 봄 아지랑이로 피어올라
어머니 아버지 무덤가를 돌아나가고
할미꽃 한 송이 봄날을 지나고 있다.

일방통행

동네 어귀에 벚꽃길은 일방통행 길
되돌아가는 길은 없소

두근거림으로 내게 찾아온 당신
뒤돌아보지 마시고 옆 둘러보시오
내 옆에 당신 있기 바라오
옆과 옆에서 같이 가기 바라오

볼을 발갛게 물들이며
나와 동행해 준 당신
한길 가기를 같이 이루기 바라오

여기 벚꽃이 흐드러진 일방통행 길
어느새 바람 찬 흰 눈꽃이 필 것이오
그 겨울이 온다 해도 나는 당신을 기릴 것이오

벚꽃보다 더 환한 빛살로 감싸인
지금의 당신을 내 기억회로 깊은 곳에
저장하고 기릴 것이오.

| 추천사 |

　김광수 시인의 시집 『해양기상학』 원고를 받고 요즘 넘쳐나는 시집 중 하나이려니 생각하고 대수롭지 않게 읽어 내려가다가 나는 자세를 고쳐 앉아 몇 번이나 읽고 또 읽었다.

　화성MARS에서 본 밤하늘의 아름다운 별들을 얼마 전 사진으로 본 적이 있다. 이 보석 같은 수많은 아름다운 별들이 김광수 시인의 가슴으로 쏟아져 들어간 후 별들은 찬란한 시가 되어 끝없이 끝없이 그의 붓끝에서 쏟아져 나왔다. 깊은 삶의 철학이 어떻게 그리도 씹으면 씹을수록 蘭香처럼 은은하게 독자의 가슴속으로 스며들 수 있을까. 그것은 김광수 시인의 여정이 오랜 항해를 통해서 몸부림치듯 죽음을 맛보고 죽음을 맞이할 때마다 부활을 체험하면서 뱃전에 소금이 켜켜이 쌓여가듯 그의 인생이 시간 속에 쌓여간 것이다. 그리움이 쌓이고 애환이 쌓이고 슬픔과 고통과 좌절도 쌓였지만 배가 흔들릴 때마다 사랑하는 사람을 향한 몸부림이 시가 되고 바다의 서러움이 비가 되어 내릴 때면 시인의 서러움은 가슴을 에이는 시가 되었다.

　몸속 내장 같은 슬픔도 시인은 뱃전에 감기는 시간의 회오리 속으로 울렁거리며 떠내려 보내야 했다. 그러면서 시인은 깊은 깨달음을 시적으로 표현한다. 흔들리지 않으면 뱃길이 아니듯 사랑도, 애환도, 서러움도, 슬픔도, 그리고 그리움도 흔들리는 뱃길 같은 숙명이라고 한다. 이렇게 하루하루 흔들림은 그리운 당신께 가는 길이며 당신께 가는 그 길을 시인은 숙명처럼 또한 흔들리며 간다. 배는 다 망가져도 기관이 살아 있으면 기관을 코아 삼아 험한 바다를 헤치고 갈 수 있듯이 삶은 사랑이 살아 있으면 사랑을 코아 삼아 힘들고 험한 항로에서도 희망의 삶을 살아간다고 고백한다.

가도 가도 수평선을 벗어날 수 없는 검푸른 바다 한가운데 홀로 서서 쏟아지는 별들과 속삭이다 보면 시인은 어느새 별들과 하나가 되어 먼 데 태곳적 이야기에서부터 몇 겁劫을 환생한 현세까지의 아련함이 주마등처럼 다가와 고환睾丸 끝에 이르러서야 비로소 별들은 핏자국 같은 시가 되어 갑판 위에서 춤을 춘다. 수평선을 가리키는 손끝에 맺힌 눈물은 팔만대장경을 한 방울로 응축시킨 단 한 줄의 시어詩語로 환생하고 이 한 방울 한 방울이 염주처럼 엮여 바다 인생 김광수 시인에게로 다가와 비로소 애절한 사랑이 되고 육중한 인연이 된 것이다.

화성에서 보는 밤하늘의 수많은 보석들 이것이 김광수 시인의 시다. 인간 승리 김광수 시인의 시는 아끼고 서가에 모셔둘 것이 아니라 표지가 너덜너덜해지도록 읽고, 읽을수록 시인처럼 죽음과 함께 부활을 체험하고 흔들림 속에서 더욱 깊은 사랑을 발견하게 될 것이라고 필자는 김광수 시인의 시집 해양기상학의 필독을 강력히 추천한다.

2025년 7월 초복에

허심인 김 상 윤 (수필가)

| 해설 |

존재와 흐름의 서정학

손근호(시인·평론가)

　김광수의 『해양기상학』은 현대 한국시가 감성적 자의식을 넘어서 철학적 서정으로 확장되는 흐름 속에 놓인다. 감정의 형상화보다는 감정의 구조를 탐구하며, 존재와 생명의 윤리를 사유하는 점에서 그는 기형도, 이성복 이후의 서정적 철학 전통을 잇는다. 동시에 디지털 시대의 감각과 노동, 관계의 변화까지 포괄하는 면에서는 김행숙, 황병승 등 동시대 시인들과도 대조적으로 공명한다. 그러나 김광수 시인은 그들의 실험성과 파격 대신 정서의 깊이, 언어의 투명성, 감정의 서사화를 통해 존재를 재정의한다는 점에서 독자적 지형을 확보하고 있다. 그는 현대 한국시에서 '사유적 서정시'의 새로운 균형점을 제시하는 시인으로 평가될 수 있다.

　『해양기상학』은 시적 사유와 감정의 밀도를 바탕으로 존재를 탐색하는 깊이 있는 시집이다. 첫째, 소재 측면에서 바다, 슬픔, 절망, 노동, 디지털 언어 등 감각적이고 동시대적인 것들을 채택

하며, 물리적 자연과 심리적 풍경을 넘나든다. 둘째, 표현 방식은 감정을 상징이나 은유로 분해한 후 다시 서사적 구조로 재조합하는데, 이는 단편적 감정을 '흐름'이라는 개념 속에 위치시키는 기법이다. 셋째, 시인은 이러한 과정을 통해 존재의 통과성과 흔적성을 부각한다. 감정은 시인에겐 정적인 서정이 아니라, 시간과 관계 속에서 생성되고 소멸되는 '사건'으로 다루어진다.

다음 네 가지 키워드로 시집의 성격을 정의한 바를 살펴보자.

1. 존재의 물결 위에서

삶은 본래 덧없음 속에서 깊이를 얻는다. 이 시편들은 인연과 사랑, 그리고 상실과 회한이라는 테마를 중심으로 인간 존재의 본질에 대해 성찰한다. 이 시편들은 각기 다른 정서의 얼굴을 하고 있으나, 모두 하나의 흐름 속에 있다. 생의 어느 국면에서건 우리 모두는 '흘러가는 존재'이며, 그 흐름 속에서 경험하고 마주치는 감정들은 고통스러우면서도 아름답다. 바로 그 점에서 '존재의 통과자'로서 인간의 정체성을 가만히 보여주는 시편들로 평가할 만하다.

철학자 하이데거는 인간을 '세계-내-존재Dasein'라 했다. 존재는 홀로 있을 수 없고, 타자와의 관계, 감정의 작용, 환경과의 접촉 속에서 드러나기 때문이다. 이 시들은 정서적 서술을 넘어서, 관계 속에 놓인 존재의 정체성을 끌어올린다. 즉, 감정을 묘사하는 데 머무르지 않고, 감정이라는 통로를 통해 삶의 깊이를 되묻는다. '슬픔', '절망', '회한', '인연', '유산'이라는 키워드는 단지 개인적 감정이 아니라, 존재가 시간 속에서 겪는 고유한 흔적들이다.

여기 모인 시편들은 하나의 서사적 흐름을 암시한다. 특히 감정의 형상화와 내면화가 중심이 되며, 존재의 흐름, 관계의 지속성, 그리고 삶의 유산이라는 주제를 아우른다. 먼저 「메뉴 슬픔」은 감정을 객체화하여 관찰함으로써, 감정의 질감을 거리 두기 하며 통찰하는 시적 태도를 보여준다. 슬픔을 다양한 요리의 메뉴로 제시한 이 시는 "슬픔 --- 잘 익힌// 슬픔 --- 날 비린내 나는 신선한" 같은 구절을 통해 감정이 단일한 것이 아닌, 복합적이고 층위가 다양한 정서임을 말한다. 슬픔의 다양한 질감은 삶의 국면마다 스며들며, 결국 "슬픔은 누군가를 보내고 남는 자에게 오지"라는 문장에서 삶의 본질적 외로움과 남겨진 자의 운명을 명징하게 드러낸다.

이어지는 「절망」은 한층 더 내면의 뿌리로 침잠한다. "절망은 외투 속 고이 감추어진 심장에 산다"라는 구절은 절망이 외적 사건보다 내적 구조에 깊이 박혀 있다는 통찰을 준다. 이 시는 시지프스 신화를 빌려 "신에게 버림받은/ 우리들 시지프스는 언덕 위로 돌을 올린다/ 돌을 올리는데 절망 없이 올린다/ 돌이 굴러떨어진다/ 또 올린다 또 올린다"와 같은 구절로, 인간 삶의 부조리를 드러내면서도 오히려 절망을 초월한 행위의 지속성에 주목한다. 절망 없는 삶은 불가능하지만, 절망을 견디는 방식이야말로 인간의 품격이라는 메시지가 강하게 흐른다.

「오리 물에서」는 물이라는 상징을 통해 존재의 유동성과 기억의 흔적을 형상화한다. "내 인연이 내 옆에 다가와/ 노란 부리로 내 깃털을 비빌 때/ 왜 같이 소담스레 비벼주지 않았을까"라는 구절은 회한과 아쉬움의 정서를 통해 인간이 타자와의 관계에서 놓쳐버린 시간을 회상하게 한다. 이 시는 관계의 상실이 곧 정체성의 일부가 되어버리는 감정적 구조를 섬세하게 보여주며, 끝내

"내 인연 모두 지울 때가 되었다"는 고백으로 삶의 마지막을 수용하는 태도에 닿는다.

이 흐름은 「유산」에서 정점을 이룬다. 존재는 결국 죽음으로 사라지지만, 남는 것은 '인연'이라는 흔적이다. "돌아보면 살아온 흔적들은/ 무덤에서 기억될 인연밖에 없다"는 시구는 소유와 업적이 아닌 관계의 기억이야말로 인간이 남길 수 있는 진짜 유산임을 보여준다. 시인은 "할미꽃 한 송이 외롭게 피어/ 막내딸 눈가에 눈물방울로나 달리겠지"라고 덧붙이며, 존재의 흔적이 고요한 자연 속 이미지로 전이됨을 보여준다. 이는 '죽음 이후의 삶'에 대한 담담한 태도를 담고 있다.

「안테나」는 이러한 흐름을 마무리하며 시편 전체에 희미하지만 따뜻한 빛을 드리운다. "폭우 속 등대지기 되어/ 우리 사랑 옮겨주는/ 볼품없는 안테나"는 기술적 장치에 생명성을 부여하며, 관계의 매개자로서 살아가는 인간의 자세를 상징화한다. 이 안테나는 단지 정보를 주고받는 도구가 아니라, "서로 사랑하며 걸어가는/ 굴곡 많은 여정을 이어준다"는 표현처럼, 삶의 파편들을 잇는 정서적 네트워크로 기능한다. 이 시편들이 말하고자 하는 '존재는 흔적을 남기며 관계 속에 남는다'는 철학이 가장 섬세하게 구현된 시라 할 수 있다.

이 시편들은 전통적인 서정시의 감정 표현에 머물지 않고, 감정의 구조를 해체하고 성찰함으로써, 현대 독자가 공감할 수 있는 사유의 지점을 마련한다. 무엇보다 이 시들은 뚝뚝 끊어지는 감정의 단편이 아니라, 서정과 사유, 관계와 상실, 존재와 회한이 하나의 내러티브로 이어지는 유기적인 구조를 지닌다. 그것이 이 시편들의 가장 큰 미덕이다. 단지 개인적 아픔이나 회상을 노래한 것이 아니라, 존재의 공통된 경험을 담담하게, 그러나 깊이 있게 풀어낸 것이기 때문이다.

　삶은 지나가고, 인연은 사라지며, 감정은 휘발되지만, 그 모든 것이 남긴 흔적은 오히려 더욱 진해진다. 이 시편들은 우리에게 그 흔적의 의미를 묻는다. 그리고 조용히 속삭인다. 우리는 살아 있는 동안, 누군가의 안테나가 되어줄 수 있어야 한다고.

2. 존재의 무게를 직시하는 투명한 시선

　"존재란 결국 시간 속에 뿌리내린 감각의 연속이다." 철학자 미셸 세르Michel Serres의 사유는 이 시편들 위로 그늘처럼 드리운다. 여기 실린 시들은, 감각과 관념의 경계에서 존재가 스스로를 증명하는 방식에 대해 조용히 묻고 답한다. 생의 흐름 속에 등 떠밀리듯 나아가는 인간의 형상(「건널목」), 디지털 언어로 관계를 복호화하는 시도(「0 그리고 1」), 하루하루를 밀도 깊게 살아 내는 존재들의 모습(「문래동 새벽시장」), 자연의 순환을 품은 생명의 윤리(「햇빛」), 계절을 경유해 감정을 표현하는 섬세한 감각(「오월 어느 날」)까지. 이 시들은 서로 다른 형식을 갖추고 있지만, 하나의 철학적 앙상블로 엮이며 '존재의 밀도'라는 핵심 감각을 밀도 깊게 구축해 낸다.

　먼저, 「건널목」은 실존적 질문을 가장 전면적으로 드러낸다. "등 떠밀리며 가다 보니/ 어느새 건널목을 거의 지난다"는 시구는 인간의 시간을 생애와 동일시하는 관점을 직설적으로 보여 준다. 존재는 수동적으로 시간을 통과하는 것이 아니라, 시간을 등에 짊어지고 끊임없이 '건너야' 한다. 중요한 것은 그 건넘의 방식이다. 시의 마지막, "사랑할 일 많이 남았어"라는 구절은 허무와 죽음 앞에서조차 남겨진 '사랑의 의무'를 상기시킨다.

「0 그리고 1」은 현대 문명의 상징인 디지털 세계를 끌어들여 인간 존재의 본질을 탐색한다. 존재의 유무를 0과 1로 구분하는 세계에서, "그 어떤 모습이 어딘가 망가졌어도… 상관없다"는 구절은 디지털적 관계의 냉정한 구획 속에서도 인간적인 결을 놓치지 않으려는 시인의 의지를 보여준다. 그러나 "당신에게 다가가는 때에 설렘이 없고… 당신 입가에 살짝 보이는 미소를 찾을 수 없다"는 탄식은, 그 언어 체계가 품지 못하는 감각의 결핍을 드러낸다. 이는 기술문명 시대의 인간관계가 겪는 단절과 소외를 함축적으로 시사하며, 디지털 언어에 아날로그적 감정을 입혀야 한다는 선언은 시 전체가 지향하는 '진짜 존재'의 복원을 암시한다.
  존재의 윤리적 깊이는 「햇빛」에서 정점을 이룬다. 햇빛은 단순한 자연물의 차원을 넘어, 생명을 '기르고 돌보는' 역할을 자처한다. "난 하루도 쉴 수 없다/ 오늘 할 일 못하면 오늘은 사라지고/ 사라지는 오늘처럼 생명들도 사라진다"는 시구는 자연에 대한 시인의 겸허한 애정을 드러내는 동시에, 우리 삶의 '오늘'이 얼마나 귀하고 책임 있는 시간인가를 절절히 일깨운다. 이 시에서 햇빛은 신적 존재라기보다는, 무명의 노동자이자 부모이며 생명의 윤리를 지키는 시간의 심부름꾼이다. 생명에 대한 이 숭고한 태도는 자연주의와 생명 철학의 온기가 함께 배어나는 지점이다.
  「문래동 새벽시장」은 '존재'가 육체적인 노동과 얼마나 긴밀하게 연결되어 있는지를 드러낸다. 새벽에 하루를 여는 이들의 "삶이라는 카테고리 정리"는, 마치 자본주의 질서에 의한 생존 전략처럼 보이면서도, 그 안에 한 인간의 존엄이 또렷이 서려 있다. "산다는 건 흥정하는 것이다"라는 문장은 마치 카뮈의 부조리 인식처럼, 비루한 일상 속에서도 살아내는 존재의 지혜를 담아낸다. 노동은 생존의 행위인 동시에, 실존의 증거이기도 하다. "살다 보면 살아진다"는 시인의 마지막 진술은 결코 체념이 아니다. 그것은 격렬한 생의 수용이며, 살아가는 존재의 철학적 태도다.

「오월 어느 날」은 계절을 통하여 감정의 변화와 혼돈, 그리고 수용을 섬세하게 형상화한다. "좋아해야 할지 싫어해야 할지" 갈피를 못 잡는 감정은 인간 감각의 복잡함을 보여주면서도, 결국 "오월, 좋아합니다"로 정리된다. 이는 삶이 제시하는 모순과 변덕을 하나의 풍경처럼 품어내려는 태도로 읽힌다. "좋아하고 싶습니다"라는 선언은 능동적이고 의지적인 감정 수용이며, 계절이 선사하는 감정적 동요마저도 '살아있는' 증거로 바라보는 시인의 시선이 돋보인다.

이 시편들은 후기 모더니즘 이후의 '포스트 휴먼'적인 감각까지 확장되면서도, 인간 중심의 아날로그 감정을 복원하려는 '감성 리얼리즘'의 실험으로 읽을 수 있다. 비트 단위로 환원되는 관계, 광속처럼 흘러가는 현대 도시의 일상 속에서도 시인은 끝내 '사랑', '돌봄', '감각' 같은 오래된 존재의 본질을 붙잡는다.

요컨대, 그저 '사는 대로 살기'가 아닌, '살아가는 대로 존재하기'에 대한 치열한 사유를 보여주는 작품들이다. 시인에게 존재란 멈추거나 응시하는 것이 아니라, "등 떠밀려서라도" 나아가야 하는 흐름이자 사건이다. 그 사건 속에서 "사랑할 일 많이 남았어"라고 말할 수 있는 시인의 목소리는, 지금 우리가 잃고 있는 감각의 무게를 다시 붙잡아주는 언어의 이정표이다. 이 시들은 존재의 시간을 밀도 깊게 직시하려는 시인의 윤리이며, 그 윤리는 우리 삶에 작지만 확실한 빛을 던진다.

3. 바다에서 배운 삶

바다는 말이 없다. 그러나 말 없는 바다의 숨결 속에서 시인은 생명의 내력과 인간 존재의 방향을 읽어낸다. 이 시편들은 단순히 해양적 배경을 빌린 풍경시나 서정시가 아니다. 그보다 훨씬 더 밀도 높은, 존재론적 성찰이자 생의 철학을 담아낸 통합적 서사이다. 시인은 바다를 바라보되 그저 단순히 바깥에서 본다기보다, 그 바다의 '흐름' 안에서 살아가는 자로서 말한다. 바다, 파도, 포말, 고래, 운하, 항로, 바람, 바닷게, 여인의 기도 — 모든 요소는 흐르되 멈추지 않고, 그 흐름 속에서 존재는 계속 흔들리되 무너지지 않는다. 이 흐름에 스스로를 실어 나르며 시인은 "나도 새가 되고 고래가 되어" 살아간다고 말한다.

"같은 강물에 두 번 들어갈 수 없다." 독일 철학자 헤라클레이토스가 한 이 말은 곧 세계가 끊임없이 변화하며, 그 변화 속에서 존재는 끊임없이 새롭게 구성된다는 의미이다. 시인은 이를 바다라는 거대한 이미지 안에 투사한다. 바다는 '변화'이며, 동시에 '계속됨'이다. 그리고 그 바다를 따라 항해하는 인간의 삶도 결국 동일한 원리 속에 놓인다.

이를 가장 선명하게 보여주는 시는 「발파라이소 바다」다. 이 시는 시적 화자의 '탄생의 기원'과 '존재의 여정'을 바다에 겹쳐 표현한 근원 서사다. 시인이 "포말은 순간 갈매기가 된다"고 말할 때, 우리는 단지 은유의 아름다움이 아니라 존재의 변환 가능성과 흐름 속의 재탄생을 목도하게 된다. "포말 속 물방울 한 점에서 내 삶도 비롯되고／ 나 또한 새가 되고 고래가 되어"라는 구절은 시인의 자아가 어떻게 거대한 자연의 순환 속에 자리하고 있는지를 명확히 한다. 존재는 고정된 실체가 아니라 '파도처럼' 계속해서 흘러가며 새롭게 되기 때문이다.

이 흐름은 단지 생명의 유래에 국한되지 않는다. 「남방 항로」는 삶을 항해의 서사로 전환하면서, 상처와 결함을 안고도 나아가야 하는 존재의 의지를 드러낸다. "항해하다 보면, 살아가다 보면/ 외판에 금 가고 몸에 금 가고"라는 진술은 선체와 인간을 병치시키며 삶의 고단함을 말한다. 그러나 그 고단함은 중단의 이유가 되지 않는다. "배는 기관이 살아 있으면 된다"는 문장은 단순한 기계의 유지가 아니라, 존재의 핵심이 꺼지지 않는 한 삶은 지속된다는 윤리적 선언이다. 더 나아가 "삶은 사랑이 살아 있으면 된다"는 구절은 이 항해의 에너지원을 단순한 생존 본능이 아닌, 사랑이라는 본질적 감정으로 규정한다. 시인은 사랑을 '기관'이라 부른다. 그것은 삶을 계속 움직이게 만드는, 눈에 보이지 않는 내적 동력이다.

이 흐름은 또 다른 시 「파나마운하」에서 한층 더 정교하게 확장된다. 시인은 여기서 바다와 바다 사이, 삶과 삶 사이, 인연과 인연 사이를 연결하는 '운하'라는 구조적 메타포를 끌어온다. "운하는 거대한 두 바다를 이어준다"는 시구는 단지 대양의 연결이 아닌, 사람과 사람 사이의 정서적, 운명적 연결을 암시한다. 특히 "배는 힘겹게 계단을 올라 산으로 오른다"는 대목은 인간이 인연을 지속시키기 위해 감내해야 하는 정서적 고통과 수고를 형상화한다. 사랑도, 인연도, 한 번 만나면 끝나는 것이 아니라 지속적인 유지의 노력 속에 가능하다. 운하라는 '지름길'이 사실은 오르내리는 계단으로 구성되어 있다는 점에서, 이 시는 삶이 단순한 직선 항로가 아니라 오르내림의 반복 속에 이루어진다는 진실을 말해준다.

이러한 시적 인식은 제목 시 「해양기상학」에서 절정에 이른다. 이 시는 단순히 해류와 기류를 묘사하는 듯하지만, 실은 바다의 윤리를 통해 인간의 윤리를 이야기한다. "흐르지 않는 바다는 바다가 아니라오 … 흐르지 않는 인생은 인생이 아니라오"라는 진술은 생명과 윤리의 동일성을 강조한다. 존재는 멈춰 있지 않고, 그것은 곧 '살아있음'의 증거다. 더구나 시인은 "아무 말 없이 그냥 불고 흐른다오/ 불고 흘러서 온갖 생명 살찌우고 사라진다오"라고 말함으로써, 존재의 의미가 타인에게 영향을 끼치고 사라지는 과정에 있다는 깊은 윤리를 드러낸다. 시인의 삶은 "다른 인생 살찌우고 사라질 수 있다면/ 정말 좋겠소"라는 고백으로 정리된다. 그것은 윤리적 존재로서의 자기 인식을 넘어, 존재의 무상성 속에서 도달한 무욕한 자기 초월이다.

「세월」은 그 모든 흐름을 '시간'이라는 가장 거대한 바다로 통합한다. 산이 지나가고 물이 지나가는 그 흐름 속에서, 인간은 "바닷게의 눈을 닮아 모래 속에 숨"는다. 그러나 존재는 숨어 있더라도 지워지지 않는다. 여인의 기도는 "끊기지 않는 울림"으로 존재를 추적한다. 여기에 시간과 인연, 생과 사랑, 흐름과 흔적이 뒤엉킨다. 시인은 이 복잡하고도 조용한 얽힘 속에서 자신이 어디로부터 왔고 어디로 향하는지를 묻는다. 묻는 순간, 그는 이미 한 생의 윤리적 도달점에 서 있다.

이러한 시적 세계는 단순한 개인적 서정에 머물지 않는다. 사랑과 인연의 체험에서 보편적 흐름과 존재의 윤리를 끌어내고 있기 때문이다. 동시에 이러한 바다 시학은, 김춘수의 존재론적 시학이나 박남수의 물과 시간의 시학을 잇는 현대 시사의 한 흐름을 형성한다. 그러나 김광수 시인의 시들은 더 직접적이고 더 따뜻한 방식으로 '사랑과 삶과 흐름'을 말한다. 시인은 존재의 고통을 드러내되 웅얼거리지 않고, 바다의 지혜처럼 묵직하고 단순하게 말한다.

결국 이 시편들은, '인연과 사랑, 그리고 바다'가 단순한 시적 소재가 아니라, 삶의 윤리이자 존재의 방식임을 고요히 증명하고 있다. 헤라클레이토스가 "만물은 흐른다"고 했을 때, 그것은 불안의 다른 말이었다. 그러나 이 시들은 말한다 — 흐름은 삶의 본질이며, 존재의 온기이며, 사랑의 방식이다. 우리는 고래처럼, 새처럼, 파도처럼, 그렇게 흘러간다.

그리고 그 흐름 속에서, 시인의 말처럼, 삶은 이어진다.

4. 사랑의 중력

여기 모인 시편들은 인간 존재의 본질을 사랑과 인연, 그리고 바다라는 이미지로 탐색하면서 '끌림'과 '흘러감'이라는 키워드로 긴밀하게 연결된다. 삶의 본질이 곧 사랑이라면, 이 사랑은 그저 감정이 아닌 존재론적 당김이며, 그 무게는 중력처럼 보편적이면서도 개인적인 힘으로 작용하기 때문이다.

「꿈」은 존재의 경계를 허물며 '타자에로의 일체화'를 그린다. "당신 그림자 되어 당신 타겠네"라는 시구는 사랑이 욕망이나 감정의 차원을 넘어 '존재의 융합'을 향하는 힘임을 보여준다. 이 시는 연속적인 은유 속에서 자기 정체성의 해체를 추구한다. 자기를 민들레, 나비, 구름으로 비워내는 화자의 태도는 단순한 연애 감정을 넘어서, 자아와 타자의 경계를 허무는 사랑의 존재론적 도약을 암시한다.

이러한 흐름은 「만유인력」에서 철학적으로 구체화된다. "인연이 인력引力이라는 걸 아시오!/ 세상만사 세상 인연, 만유인력의 한 종류라오"라는 구절은 뉴턴의 물리 법칙을 사랑의 차원으로 확장시킨다. 이는 사랑을 우주적 필연성으로 인식하는 관점이며,

인간의 자유로운 선택이 아닌 운명적 끌림으로서의 인연을 주창한다. 더욱이 "당신의 향기로운 손을 놓을 수 없소"라는 직접적인 진술은 그 인력이 정서적 차원에서 얼마나 절박한지를 말해준다. 이처럼 시는 과학적 개념과 인간 감정을 접목시키며 사랑의 물리학, 더 나아가 사랑의 형이상학을 그려낸다.

「먼바다 먼 당신」은 공간적 거리감 속에서 심리적, 존재론적 근접을 묘사한다. 시인은 바다를 그리워하면서도 "바다를 보면서도 바다를 그리워하오"라며, 사랑의 결핍과 충만이 동시적으로 존재하는 역설적 정서의 장을 연출한다. 바다는 시집 전체에 걸쳐 반복되는 이미지인데, 이는 무한성과 깊이를 상징하며, "당신을 보면서도 당신을 그리워하오"라는 종결 구절은 사랑의 본질이 소유가 아닌 그리움과 결핍에 있다는 사실을 드러낸다. 이는 프랑스 철학자 레비나스가 말한 '타자에 대한 끝없는 책임'처럼, 타자가 항상 도달 불가능한 존재로 남아 있을 때 비로소 진정한 사랑이 발생한다는 사유로 연결된다.

시「유전자」로 넘어가면, 사랑은 단순히 감정적 층위를 넘어 생물학적, 존재의 유전적 구조로까지 확장된다. "그대가 나를 보내며 얹어준 무기/ 유전형질 속 사랑이라는 속성이더이다"라는 고백은 사랑을 인간 존재의 근원적 구성요소로 보고 있다. 이 시에서 "영생과도 바꾸지 않을 그런 사랑"이라는 진술은 특히 인상 깊다. 유전형질이 유전되지만, 발현 형질로서의 사랑은 환경 속에서 피어나는 '하나뿐인 삶의 꽃'으로 그려진다. 이 시는 단순히 사랑을 노래하는 것이 아니라, 생명과 존재, 죽음과 지속성을 성찰하며 인간적 사랑의 고귀함을 존재론적으로 증명해 낸다.

시「인연」은 이 모든 시들의 결을 종합하는 정서적이면서 철학적인 종언終言과도 같다. "꿈속에서 바닥으로 떨어져 삶이 시작됨니다"라는 시작은, 존재가 무의식에서 의식으로, 비존재에서 존재로 '떨어지는' 찰나를 묘사하며, 인간 삶이란 결국 인연의 덧없음 속에서 구성된다는 사실을 보여준다. "사랑 하나는 남아서/ 소중한 인연이 언제까지나 이어지기를"이라는 소망은, 결국 시인이 삶 전체를 통해 축적한 인연과 사랑을 존재의 유산으로 간직하고자 하는 마지막 바람이다. 이 시는 마치 죽음 이후의 가벼운 연착륙처럼, 인생의 피로를 내려놓고 '솜처럼 부드럽게' 마무리되기를 바라는 자비의 시학이라 할 수 있다.

이 시편들은 단절되지 않고 하나의 흐름으로 이어진다. '꿈'에서 '인연'으로, '끌림'에서 '돌이킴'으로, 시인은 일관되게 사랑과 인연을 존재의 중력으로 다룬다. 바다, 구름, 바람, 유전자 같은 상징들이 자연스럽게 교차하면서, 인간 존재의 유한성과 무한성, 감정과 우주 법칙 사이의 다리를 놓는다.

문예사조적으로 볼 때, 이 시편들은 낭만주의적 정서와 현대적 존재론이 결합된 형태다. 감정의 절정, 자연의 이미지, 사랑의 숭고함을 드러내면서도 그것을 단순한 정념이 아닌 존재의 구조이자 법칙으로 해석하는 태도는 철학적 서정시로서 현대시의 중요한 흐름을 따른다. 특히 '유전자'나 '만유인력'이라는 현대 과학적 개념을 시적 정서에 녹여낸 점에서 현대적 감성과 사유의 융합이라는 문학사적 의의를 지닌다.

결국, 이 시들은 하나의 질문을 던진다. "인간은 왜 사랑하는가?" 그에 대한 시인의 대답은 분명하다. "한 번뿐인 삶이라서 더욱 고귀한 그런 사랑이 되더이다." 사랑은 생의 고귀한 증명이며, 그 끌림은 무게를 가진다. 그리고 그 무게는 존재의 중력으로 우리를 서로에게 붙잡아 매고, 삶의 끝에서조차 부드럽게 우리를 떠받친다. 바로 그 점에서, 이 시편들은 우리가 잊고 있던 사랑의 철학을 다시 기억하게 만든다.

 김광수의 시 세계를 요약하면 '존재, 흐름, 관계'로 정리할 수 있다. 첫째, 존재는 시의 핵심 물음이다. 인간은 단독으로 고정된 실체가 아니라 시간 속을 건너는 존재이며, 그 통과에서 남는 감정과 흔적들이 정체성을 구성한다. 둘째, 흐름은 이러한 존재를 감싸는 운율적 원리이다. 바다와 강, 파도, 항로 등은 단지 배경이 아니라, 시인이 존재를 해석하고 서사화하는 방식이다. 셋째, 관계는 모든 존재의 확인 방식이다. 타자와의 인연, 사랑, 상실, 연결의 윤리가 감정의 중심을 이룬다. 이는 서정적 고백이 아니라, 감정을 통해 타자와 접속하고, 삶의 유산으로 남기는 시인의 철학적 태도를 보여준다. 김광수의 시는 감정의 고백을 넘어 감정의 인류학을 구축하는 사유적 구조를 보여준다.

 김광수 시인의 시집 『해양기상학』은 존재에 대한 치열한 성찰과 그 성찰을 감정으로 매개하는 구조를 통해, 독자에게 감각의 밀도와 철학의 울림을 동시에 안겨준다. 앞으로의 시적 여정에서 그는 '존재-시간-관계'라는 핵심 어휘들을 더욱 정제된 언어로 밀도 높게 풀어낼 가능성이 크다. 특히 생명의 윤리, 생태적 감수성, 디지털 시대의 정서 단절 등 현재적 이슈를 철학적 서정으로 흡수하는 능력은 현대시의 중요한 방향성과도 맞닿아 있다. 더불어 감정을 일회성으로 소비하지 않고, 반복 가능하고 지속 가능한 사유로 전환시키는 그의 시적 태도는 문학의 지속성을 견인할 자질로 충분하다. 앞으로도 그가 현대 한국시의 새로운 깊이와 확장을 이끌어낼 중심적 목소리로 자리매김할 것으로 기대되는 이유이다.

그림과책 시선 340

해양기상학

초판 1쇄 발행일 _ 2025년 9월 29일

지은이 _ 김광수
펴낸이 _ 손근호

펴낸곳 _ 도서출판 그림과책
출판등록 2003년 5월 12일 제300-2003-87호

03924 서울특별시 마포구 월드컵북로54길 17 821호
     (상암동, 사보이시티디엠씨)
       도서출판 그림과책
전화 (02)720-9875, 2987 _ 팩스 (02)720-4389
도서출판 그림과책 homepage _ www.sisamundan.co.kr
후원 _ 월간 사사문단(www.sisamundan.co.kr)
E-mail _ munhak@sisamundan.co.kr

ISBN 979-11-93560-47-1(03810)

값 12,000원

이 책의 판권은 지은이와 그림과책에 있습니다.
잘못된 책은 교환해 드립니다.